Sur les chemins
de l'Imaginaire...

*On the trails
of my Fancy...*

Poètes des cinq continents
En hommage à Geneviève Clancy
qui l'a dirigée de 1995 à 2005.
La collection est actuellement dirigée par Philippe Tancelin

La collection *Poètes des cinq continents* non seulement révèle les voix prometteuses de jeunes poètes mais atteste de la présence de poètes qui feront sans doute date dans la poésie francophone. Cette collection dévoile un espace d'ouverture où tant la pluralité que la qualité du traitement de la langue prennent place. Elle publie une quarantaine de titres par an.

Déjà parus

675 – Walid AMRI, *Poèmes fractals*, 2016.
674 – Anas ALAILI, *Etreinthes tardives* - عناقات متأخرة, bilingue arabe-français, 2016.
673 – Ben Ali SAINDOUNE, *Rêveries du pays des fées*, 2016.
672 – Bruno CANY, *Lignes d'ombres, Poësie sceptique*, 2016.
671 – Ursula BECK, *Ce temps avant le silence,* 2016.
670 – Mutombo NKULU-N'SENGHA, *Bela-Wenda. Muses telluriques du cœur de l'Afrique*, 2016.
669 – Charles EBGUY, *Toute la terre est ombre*, 2016.
668 –William SOUNY, *Malika des vertiges,* 2016.
667 – Christophe KOUKIS, *Journal intime d'un amoureux*, 2016.
666 – Arnaud DELCORTE*, Stroboscope* suivi de *Stries*, 2016.
665 – *Courir dans la chair des murs*, 2016.
664 – Marcelin MBOKO, *Les chants de l'oubli*, 2016.
663 – Louis DEYDIER, *Livre des Répons*, 2016.

Andrée Chedid

Sur les chemins de l'Imaginaire...

On the trails of my Fancy...

Traduction française et présentation
de Judy Pfau Cochran

L'Harmattan

De la même auteure
(liste complète en fin d'ouvrage)

Poésie

Textes pour un poème. Flammarion, 1987.
Poèmes pour un texte. Flammarion, 1991.
Par-delà les mots. Flammarion, 1995.
Territoires du souffle. Flammarion, 1999.
Rythmes. Paris : Gallimard, 2003.
L'Étoffe de l'univers. Flammarion, 2010.

Romans

La Maison sans racines. Flammarion, 1985.
L'Enfant multiple. Flammarion, 1989.
Le Message. Flammarion, 2000.
Les quatre morts de Jean de Dieu. Flammarion, 2010.

5-7, rue de l'Ecole-Polytechnique, 75005 Paris

http://www.harmattan.fr
diffusion.harmattan@wanadoo.fr

ISBN : 978-2-343-09917-0
EAN : 9782343099170

À Louis et Andrée Chedid,
en grande affection

Sur les chemins de l'Imaginaire

Dans l'élan de ses études de littérature à l'Université Américaine du Caire, Andrée Chedid écrit son premier recueil de poèmes en anglais. *On the trails of my Fancy* voit le jour au Caire en 1943 sous le pseudonyme d'A. LAKE, « LAC » nouant les initiales du couple Louis et Andrée Chedid. Ce recueil liminaire *Sur les chemins de l'Imaginaire*, que je vous offre en français sous le titre proposé par l'auteur, peut être lu comme le tremplin de son parcours poétique. L'itinéraire qu'elle décrit nous mènera par-delà les rives de la Terre jusqu'au pays de l'Imaginaire, un imaginaire pourtant fortement ancré dans la réalité, où Andrée Chedid examine son rapport au cosmos, à l'humanité et à la Parole.

Dans une langue incandescente aux résonances bibliques, Andrée Chedid trace une cosmogonie annonçant les thèmes qu'elle poursuivra tout au long de son chemin de lumière. L'univers qui s'ouvre à la poète-protagoniste est d'abord projeté en rêve pour ensuite être exploré par les chemins de l'imaginaire. Son rêve de montagnes, de voyages et de « regards perdus à l'infini » lance sa course. Tel le héros légendaire répondant à l'appel du destin, la poète quitte l'ordinaire quotidien pour embarquer « d'un pas léger et confiant ». Elle se trouve d'emblée dans un pays hostile et désertique dont l'aridité, métaphore de la stérilité, aussitôt fait place à la fécondité humide. Ces deux contraires, bientôt accordés, révèlent à la poète la fusion nécessaire au principe de la création : tels les atomes de la matière, les humains ont besoin d'alliance. La poète exhorte donc ses confrères à convoquer l'Amour, la seule force capable de vaincre l'esseulement stérile inhérent à la condition humaine : « Les Humains ! / En quel lieu est enseveli l'Amour qui nous relie ? » Ce sera désormais la quête de l'Amour qui informera son itinéraire à travers les éléments primordiaux de son propre univers.

Embarquée dans sa quête, propulsée par son ardeur, la poète « rugi[t] » sa puissance mais se voit aussitôt abattue par « l'accueil glacé » du désert et puis réduite au silence. Tandis que l'accable son impuissance face à l'indifférence des forces de la nature, avec le surgissement de l'aube renaît en elle l'espoir. Mais son retour se tempère de ses humaines limites : « Si je m'étais penchée sur cette confusion naissante / C'est en vain que j'aurais attendu une Aube nouvelle… » À l'inverse du cosmos, sa force créatrice ne pourra s'accomplir qu'à la fin des temps. Pendant que les humains courent impatiemment dans leur sillon « emporté[s] par la mort… vers un but ignoré », le Temps, lourd de son présage de mort, règne « en toute sérénité ». Or, c'est précisément la fragilité de l'être humain qui touche et retient la poète, fragilité qui relie et incite à l'accord.

Dès lors armée de compassion, la poète affronte la violence de l'acte créateur qui la mènera à une perception plus profonde, plus poignante, de la réalité. Telle une « lame ardente » cette émotion plus acérée déchire le voile qui sépare la vie ordinaire « d'une vie plus vraie / Embrasée et Violente ». Quoique la poète souffre avec le cosmos de l'âpreté de la déchirure, elle vénère cette force et la bénit de rendre sa vision plus claire, plus précieuse sa brève trace au cœur du temps. Cette souffrance partagée conduit la poète au don de soi total. Elle rassemblera toutes ses forces pour repousser le mal qui afflige l'univers : « jusqu'à dépouiller le vieux monde cynique / de ses pensées de meurtre, d'égoïsme et d'injustice… / jusqu'à pouvoir témoigner leur enchâssement dans ces gouttes / qui tombent de son front pour tournoyer dans l'espace / avant de s'évanouir dans le néant ». Car en guérissant le monde, elle se guérira, accomplissant son destin et atteignant ainsi à la sérénité : « Enfin / Je desserrerai mes mains dans la paix / et joyeusement sereine / disparaîtrai dans l'inconnu / avec dans les yeux la dernière image d'une terre souriante ». En ces quelques vers Andrée Chedid illustre deux thèmes au fondement de son univers poétique : la compassion pour tout ce qui l'entoure et la révérence au mystère. Elle va vers l'inconnu avec simplicité et quiétude, sachant que l'Amour en elle a trouvé sa demeure.

L'itinéraire de la poète continuera pourtant à l'éprouver jusqu'à la faire douter de l'amour qui l'habite. Ayant fait face au feu de la sécheresse, la voici prête à braver les vents qui prétendent ébranler son amour. Quoique la poète sache cet amour sauf et sûr « au cœur de [s]on cœur », elle redoute « qu'il fléchisse / de jour en jour ». Elle le met alors à l'épreuve des vents, métaphore du souffle primordial qu'elle espère dompter. Dans une scène évocatrice de la rencontre d'Éros primordial avec la Terre, la poète affronte les vents pour que son amour sorte de ce choc élevé et grandi : « Et dans leur ENTRECHOC mon amour déferla… / Magnifié ». Bien que l'amour ainsi dilaté révèle à la poète sa force créatrice, elle se trouve assaillie par « mille pensées sombres » jusqu'à souhaiter s'étendre et mourir, consumée par le feu de « ce cruel soleil ». Son âme cependant garde l'espoir et la porte « vers les vertes prairies d'ombre et d'eau ». La vision d'une terre promise aura son parallèle dans « Paysages », poème liminaire de *Textes pour une figure* (1949), le recueil suivant qui marquera son choix désormais de la langue française. Pareillement au présent recueil, « Paysages » dépeint une cosmogonie où la violence des éléments se trouve adoucie par un rêve de verdure, « … de l'arbre et de l'eau / Que l'on nomme Oasis / Du nom d'une femme aimée ». Cette image rappelle dans les deux œuvres la nature androgyne de la figure du poète qui dispose en parties égales des forces masculines du feu et du vent et des forces féminines de la terre et de l'eau. Par ailleurs comme ici, le feu et le vent incarnent le côté violent et dominateur de l'acte de création tandis que l'eau et la terre évoquent les forces de la rencontre et de la guérison.

Du reste, la désolation morale exprimée ici par la poète fait écho à celle de Baudelaire dans les poèmes du « Spleen ». D'abord la lassitude, puis la dépression obsessionnelle viennent miner ses forces en la détournant de la réalité. Telle un animal piégé, la poète tâche de se délivrer du roulement « mortel impitoyable » du tambour sauvage qui bat dans son cerveau : « Têtu pourtant il roule, il roule […] Et de tout cela la rengaine monotone ne m'accorde aucun moment de paix / cruellement m'imposant ce réel que je hais… / mais qu'il me faut affronter ». Cependant, la poète redécouvre l'espoir dans l'image d'une terre en paix :

« Si toute la jeunesse se donnait la main en harmonie / la belle guirlande ce serait / pour entourer ce monde macabre ». Enfin, c'est l'amour plutôt que la passion ardente et difficile à maîtriser qui permettra à la poète de poursuivre son rêve car elle n'est rien « Qu'argile ». Elle embrasse son humanité, refusant de se laisser assujettir par la Mort.

La scène ultime du recueil dépeint un paysage exsangue et alangui où la terre asséchée « s'ouvre au désespoir ». Tout en faisant appel aux éléments « féroces » pour qu'ils raniment la terre moribonde, la poète prie « pour le vent de la passion pour la pluie de l'amour ». Au bout de son voyage par-delà les rives de l'imaginaire, elle comprend qu'il n'y aura jamais de terme à son parcours poétique. Elle se vouera désormais à la quête des mots qui nous emportent vers un monde apaisé. La parole poétique qu'Andrée Chedid nous tendra pendant sa longue et lumineuse carrière résonne ici déjà de cette fraternité humaine qui est l'Amour.

Judy Pfau Cochran
Denison University
Granville, Ohio, USA

I dreamt

of snowy peaks on mountain crests
of windy sails and great departures
of endless gazes into infinity . . .

Lest I grew old and dull and dim with cares
with both my feet on these grey paths of dust
Boldly
I flung off my cloak of troubles
and disengaged
Embarked with light and trustful steps
"on the trails of my fancy"

J'ai vu en rêve

des cimes enneigées sur des crêtes montagneuses
des voiles gonflées et de grands départs
des regards perdus à l'infini . . .

De peur d'une vieillesse morne abrutie d'ennuis
mes deux pieds dans la poussière grise
Hardiment
J'ai soulevé la chape des soucis
et me suis dégagée
Embarquée d'un pas léger et confiant
« sur les chemins de l'imaginaire »

How barren is the dry yellow sand
silently sifting through your fingers!
So close and yet so far apart
its numberless grains divided by deep enmity
ignore the beauty of contact
Unknowing they remain desperately separated
lost to others solely conscious of themselves
How barren is the dry yellow sand silently sifting
through your fingers!

How fertile is the moist black mud
firmly locked in the palm of your hand!
United under a single yoke
its uncountable particles fuse into coherent oneness
Awakened from a slumber of selfish dreams
they yield with joy to a common
and worshipped master
How fertile is the moist black mud firmly locked
in the palm of your hand!

Combien aride ce sable sec cuivré

qui te coule muet entre les doigts !

Si proches et pourtant si lointains

ses innombrables grains fendus d'inimitié

ignorent la beauté du toucher

Inconscients ils restent désespérément séparés

perdus aux autres, éveillés seuls à eux-mêmes

Combien aride ce sable sec cuivré qui te coule muet

entre les doigts !

Combien féconde la boue noire, humide

serrée fort dans ta paume !

Tenues par le même joug

ses particules illimitées fusionnent en unité profonde

Sorties de sommeils et de rêves égoïstes

elles se donnent joyeuses

à l'unique maître adoré

Combien féconde la boue noire, humide

serrée fort dans ta paume !

Sand and mud . . .

substance of death

substance of life

Alive through water or sterile in dryness

Humans

where is entombed our binding Love?

Sable et boue . . .

matière de mort

matière de vie

Traversée d'eau ou de sècheresse aride

Les Humains !

En quel lieu est enseveli l'Amour qui nous relie ?

With rumble crash and thunder

In the din of my ardor
Onto your shores I roar with might
I roar . . .

. . . Stunned I gasp
I gasp at the chilly welcome of your bleak
and ashen sands
I blanch at their pallor
and vanish in hushed silence
beneath the sills of your indifference

Roulement, fracas, tonnerre

Dans l'orage zébré de mon ardeur
Jusqu'à tes rives je rugis ma puissance
je rugis . . .

. . . Assommée je défaille
Je défaille à l'accueil glacé de tes sables
couleur de cendre
je blêmis à leur pâleur
et je disparais dans un silence sans fond
sous les dalles de ton indifférence

Before Dawn . . .

my staring eyes ached to grasp
the genuine form of the narrow tufted grass
nestled far, far below the grey steepness
of a cliff
yet very soon
the wandering beams of sunrise
unmasked seeming dimness
and sudden light
flaming from outward chaos brightly
echoed through my being

I hastily departed!
for I would perish in a Babel
of clashing colors and thoughts
if I strained eyes and soul
on lasting contemplation
And bent over this fresh confusion

I would call in vain for a new Dawn . . .

Avant l'Aube . . .

mes yeux arrêtés sur elle peinaient à saisir
la vraie forme de cette herbe étroite et touffue
blottie au loin là-bas au pied de l'escarpement gris
de la falaise
déjà bientôt
les rayons hésitants de l'aurore
retirèrent son masque à l'obscurité
et une soudaine lumière
surgissant flamboyante du chaos
fit écho en mon être

Je fuis en toute hâte !
J'aurais péri dans cette Babel
dans l'entrechoc des couleurs et des pensées
si j'avais attaché mon regard et mon âme
à contempler sans fin
Si je m'étais penchée sur cette confusion naissante

C'est en vain que j'aurais attendu une Aube nouvelle . . .

Towards an unseen target

Swift as an Arrow
Time darts on
while I
startling at my shriveled form
remain bewildered . . .

NAY

Time abides and finds her youth anew
Time IS . . . in all serenity.
With hurried steps
t'is you who sweep
across her track
death-ridden . . .
towards an unseen goal
T'is you
frail soul!
who
Swift as an Arrow
dart on

Vers une cible ignorée

Rapide comme la Flèche

Le Temps s'enfuit

quand moi

défaite de ma forme flétrie

je me tiens désolée . . .

NON

Le Temps persiste et revêt sa jeunesse à nouveau

Le Temps EST. . . en toute sérénité.

Au pas impatient

c'est toi qui cours

dans son sillon

emporté par la mort . . .

vers un but ignoré

C'est toi

âme fragile !

qui

Rapide comme la Flèche

t'enfuis

With a blazing sword

You slit the somber curtain of my monotony!

You slit it from edge to edge

and laid before me the brilliant vision

of a truer life

Flaming and Violent

The moan of the dying stuff still resounds

in all my being

with a harsh screech of pain . . .

And yet, o scimitar

I bless thee

and with reverence I kiss thee on thy sharpest curb!

Avec une lame ardente

Tu tranchas le rideau sombre de mon ennui !
Tu le tranchas de bout en bout
M'offrant la vision étincelante
d'une vie plus vraie
Embrasée et Violente

Le gémissement de la matière moribonde résonne encore
en tout mon être
avec l'âpre cri de sa douleur . . .

Et pourtant, ô cimeterre
Je te bénis
et je t'embrasse avec révérence sur ta courbe la plus effilée !

In the infinity of space I long to stand erect
and press the palms of my hands
against the temples of the wearied world
and stretch my fingers across its wrinkled forehead

How firm and unyielding will be my grip!

Unyielding
until all the evil struggling
within these walls of matter
crystallizes
into grains of sweat
until it all exudes under my palms
and through my closed fingers

Yes and I shall keep on pressing
until there is not a jot of evil left
until I have stripped the old cynical world
of its thoughts of selfishness injustice and murder . . .

Dans l'espace infini je me tiendrai debout

et presserai les paumes de mes mains
contre les tempes de ce monde exténué
et tendrai sous mes doigts les rides de son front

Ô combien ferme et serrée sera l'étreinte!

Ferme et serrée
jusqu'à ce que les démons qui battent
entre les murs de la matière
cristallisent
en perles de sueur
exudées sous mes paumes
et entre mes doigts noués

Oui et je presserai encore
jusqu'au dernier atome de mal
jusqu'à dépouiller le vieux monde cynique
de ses pensées de meurtre, d'égoïsme et d'injustice. . .

until I have witnessed their embedding in these drops
falling from its brow and swirling through space
                                             to vanish into nothingness

Then
               I shall peacefully disjoin my hands
               and gladly serene
               will disappear into the unknown
with the last vision of a smiling earth in my eyes

jusqu'à pouvoir témoigner leur enchâssement dans ces
gouttes
qui tombent de son front pour tourner dans l'espace
avant de s'évanouir dans le néant

Enfin
Je desserrerai mes mains dans la paix
et joyeusement sereine
disparaîtrai dans l'inconnu
avec dans les yeux la dernière image d'une terre souriante

Fashions in Love

ALDOUS HUXLEY

Thru charging at the winds my love soared

to the skies

Yet when it safely dwelt

right in the heart of me

dreading

that it might pine away

day after day . . .

I questioned its features

. . . To hush the toll of my alarms

I stemmed the tide of love

I strew its paths

with reefs and rocks and crevices . . .

of my creation

And in their CLASH my love foamed . . .

Magnified

"My love will ever soar thru charging at the winds"

Modes en Amour

ALDOUS HUXLEY.

À force d'affronter les vents mon amour s'éleva

jusqu'aux cieux

Pourtant bien que sauf
au cœur de mon cœur

redoutant
qu'il fléchisse
de jour en jour . . .
j'interrogeai ses traits

. . . Pour couvrir le tocsin de mes peurs
je retenais la montée de l'amour
je semais ses sentiers
des récifs des rocs et des fissures . . .
de ma création
Et dans leur ENTRECHOC mon amour déferla . . .
Magnifié

« Mon amour toujours s'élèvera à force d'affronter les
vents »

I cried out:

"I shall lie down and die under the scorching sun!
For I am tired of roaming through this dismal desert
tired of dragging my death-stricken arms heavily weighing on my tendons
my mouth thick with grains of sand . . .
and the cruel sun trying to burn a deep red hole into my skull"

— But my soul which was alive with hope urged me on
towards the green land of water and shade

I cried out:
"I shall lie down and die under the scorching sun!
For a thousand dark thoughts are assaulting my mind
feverishly dancing their ballet of miseries
or without warning abandoning me
between the smooth white walls of blankness"

— But my Soul which was alive with hope urged me on
towards the green land of water and shade

J'ai hurlé :

« Je m'étendrai et mourrai sous ce soleil de feu !
Car je suis lasse d'errer dans ce morne désert
lasse de traîner mes bras inertes tirant sur leurs tendons
ma bouche emplie de grains de sable . . .
tandis que ce cruel soleil embrase un gouffre rouge dans mon crâne »

— Cependant mon âme vive d'espoir me poussait
vers les vertes prairies d'ombre et d'eau

J'ai hurlé :
« Je m'étendrai et mourrai sous ce soleil de feu !
Car mille pensées sombres assaillent mon esprit
dansent fiévreusement leur ballet de malheur
puis soudain sans prévenir m'abandonnent
entre les murs lisses et blancs de l'absence »

— Cependant mon âme vive d'espoir me poussait
vers les vertes prairies d'ombre et d'eau

And I prayed:

"Be blessed my Soul for I attained the land of promise
and its prairies its rivers its oaks
imbued my mind and body
with new courage life and wisdom"

Puis j'ai prié :

« Sois bénie mon Âme car je suis en terre promise
et ses prairies ses rivières ses chênes
m'imprègnent l'esprit et le corps
de courage de vie et de sagesse neufs »

A wild drum

a wild black drum is beating in my brain
thumping . . .
furiously thumping the crude note of reality . . .
A reality from which I shrink away in pain
and which I hate to face
And my famished eyes madly seek for the sky
the sun the myriad-colored flowers
frantically aspiring to captivate their redeeming vitality
and pour it into my brain to halt
the deadly
pitiless drumming!
Yet it thumps and thumps
like the reckless gallop of a dark and fiery horse
like a tramping legion in the Libyan sands
like the rhythmic groping of a blind man's cane

And the sequent monotony of it all leaves me not a
moment's peace
cruelly ordering me before that reality which I hate . . .
but which I have to face

Un tambour sauvage

un noir tambour sauvage bat dans mon cerveau

roulant . . .

furieusement roulant l'écho brute de la réalité . . .

Une réalité dont je fuis la souffrance infligée

et à laquelle j'abhorre faire face

Alors mes yeux affamés cherchent follement le ciel

le soleil aux mille couleurs

frénétiquement espérant capter leur liqueur salvatrice

et la verser dans mon cerveau pour étouffer

le roulement

mortel impitoyable !

Têtu pourtant il roule, il roule

galop furieux d'un étalon farouche

légion en marche dans les sables libyens

chocs rythmés d'une canne d'aveugle

Et de tout cela la rengaine monotone ne m'accorde aucun

moment de paix

cruellement m'imposant ce réel que je hais . . .

mais qu'il me faut affronter

. . . Alors on pourrait faire une ronde autour du monde,
si tous les gens du monde voulaient se donner la main . . .

PAUL FORT

If all of youth held hands in tune
the lovely garland it would be
girdling the grisly world

And not
that lethal
wreath
of death

. . . Alors on pourrait faire une ronde autour du monde,

si tous les gens du monde voulaient se donner la main . . .

PAUL FORT

Si toute la jeunesse se donnait la main en harmonie

la belle guirlande ce serait

pour entourer ce monde macabre

Plutôt que

cette fatale

couronne

de la mort

The waters of my passion

Storm in argil vessels
Crave to burst through
Boundless spaces
Rage at their compact jail
Swirl in fury striking its barriers

And I must bind them to
Stillness
For my frame is but of
Clay

Les eaux de ma passion

Tempêtent en vases d'argile
Impatientes de surgir
Dans d'espaces infinis
Se déchaînent contre leur geôle étroite
Tournoient avec fureur, heurtant ses barrières

Et je dois les réduire à
L'immobilité
Car je ne suis
Qu'argile

Sometimes, I think:

“If I stared on and on at Death
foreseeing her in every move
She would never draw me to her abyss:
They say she is a traitor”

Then with a smile
I toss the very thought into the air
“T’would be dying at every breath
To be that kind of sentinel.”

Parfois, je pense :

« Si je fixais la Mort encore et encore
la démasquant à chaque mouvement
Jamais elle ne m'aurait dans son abîme :
On dit qu'elle est traîtresse »

Alors dans un sourire
je jette au vent la seule idée
« Ce serait mourir à chaque souffle
Que faire ainsi la sentinelle. »

The trees are drooping under their stifling lace of leaves

wearily drooping over the languid river

over the silent lifeless unrippled river

and clinging to its muddy waters the grey feluccas

reluctantly move onwards with unfurled sails

while the earth parched by lengthy hours of consuming warmth

gives way to passive despair

WIND RAIN FIERCE ELEMENTS . . .

Hasten forth! Redress the trees unfurl the river

blow out the sails revive the dying earth

In my dreary solitude

I also pray for the wind of passion for the rain of love

Les arbres s'affaissent sous l'entrelacs étouffant du feuillage

las s'affaissent sur le fleuve alangui
sur le fleuve muet sans rides sans vie

les felouques grises collent à ses eaux bourbeuses
avancent à contrecœur leurs voiles affalées

tandis que la terre asséchée de longues heures sous la chaleur
brûlante
s'ouvre au désespoir

VENT   PLUIE   FÉROCES ÉLÉMENTS . . .

Hâtez-vous ! Redressez les arbres déferlez le fleuve
gonflez les voiles redonnez vie à la terre qui meurt

Dans ma solitude morne
je prie aussi pour le vent de la passion pour la pluie de
l'amour

Bibliographie

ANDRÉE CHEDID

Poésie

On the Trails of My Fancy. Le Caire : Horus, 1943.
Textes pour une figure. Paris : Pré-aux-Clercs, 1949.
Textes pour un poème. Paris : Guy Lévis Mano (G.L.M.), 1950.
Textes pour le vivant. G.L.M., 1953.
Textes pour la terre aimée. G.L.M., 1955.
Terre et poésie. G.L.M., 1956.
Terre regardée. G.L.M., 1957.
Seul le visage. G.L.M., 1960.
Double-Pays. G.L.M., 1965.
Contre-Chant. Paris : Flammarion, 1969.
Visage premier. Flammarion, 1972.
Prendre corps. Flammarion, 1973.
Fêtes et Lubies. Flammarion, 1973.
Voix multiples. Asnières : Commune Mesure, 1974.
Cérémonial de la violence. Flammarion, 1976.
Fraternité de la parole. Paris: Flammarion, 1976.
La Mort devant. Paris : Marc Pessin, 1977.
Cadences de l'univers. Pierrepont : Vodaine, 1978.
Sommeil contradictoire. Dijon : Brandes, 1978.
Cavernes et soleils. Flammarion, 1979.
Épreuves du vivant. Flammarion, 1983.
7 Textes pour un herbier. Romillé : Folle Avoine, 1983.
Grammaire en fête. Folle Avoine, 1984.
7 Textes pour un chant. Folle Avoine, 1986.
Textes pour un poème. Flammarion, 1987.
Poèmes pour un texte. Flammarion, 1991.
Voix Multiple. *SUD*, Marseille, 1991.
Rencontrer l'inespéré. Vénissieux : Paroles d'Aube, 1993.

Par-delà les mots. Flammarion, 1995.
Territoires du souffle. Flammarion, 1999.
Rythmes. Paris : Gallimard, 2003.
L'Étoffe de l'univers. Flammarion, 2010.

Romans

Le Sommeil délivré. Paris : Stock, 1952. 2ème édition : Flammarion, 1976.
Le Sixième Jour. Paris : Julliard, 1960. 2ème édition : Flammarion, 1972.
Le Survivant. Julliard, 1963. 2ème édition : Flammarion, 1982.
L'Autre. Flammarion, 1969.
La Cité fertile. Flammarion, 1972.
Nefertiti et le rêve d'Akhnaton. Flammarion, 1974, 1988.
Les Marches de sable. Flammarion, 1981.
La Maison sans racines. Flammarion, 1985.
L'Enfant multiple. Flammarion, 1989.
Le Message. Flammarion, 2000.
Les quatre morts de Jean de Dieu. Flammarion, 2010.

Théâtre

Le Personnage. Paris: *L'Avant-Scène*, 1968.
Le Dernier Candidat. *L'Avant-Scène*, 1973.
Théâtre I (Bérénice d'Egypte, Les Nombres, Le Montreur). Flammarion, 1981.
Théâtre II (Échec à la reine, le Personnage). Flammarion, 1984.

Nouvelles

Les Corps et le Temps, suivi de L'Étroite Peau. Flammarion, 1978.
Mondes, Miroirs, Magies. Flammarion, 1988.
À *la mort, à la vie*. Flammarion, 1992.

Récits

La Femme de Job. Paris: Calmann-Lévy, 1993.
Les Saisons de passage. Flammarion, 1996.
Lucy, la femme verticale. Flammarion, 1998.

Prix littéraires
Prix Louise Labé de la poésie, 1966.
L'Aigle d'or de la poésie, 1975.
Grand Prix des Lettres Françaises de l'Académie Royale de Belgique, 1975.
Prix de l'Afrique Méditerranéenne, 1975.
Prix de l'Académie Mallarmé, 1976.
Bourse Goncourt de la nouvelle, 1979.
Prix des Bibliothèques pour Tous, 1989.
Grand Prix de Poésie de la Société des Gens de Lettres, 1990.
Prix Gutenberg, 1990.
Prix France-Liban, 1991.
Prix des Quatre Jurys, 1994.
Prix Albert Camus, 1996.
Prix Côté Femmes, 2001.
Prix Louis Jouilloux, 2001.
Grand Prix Paul Morand, 2001.
Prix Goncourt de poésie, 2002.

JUDY PFAU COCHRAN

Poésie

Country of Lilies/Pays de Lys/Lilienland, sous le nom de Judy Pfau. Rimbach : Éditions En Forêt/ Verlag Im Wald, 2008.

Traductions

Selected Poems of Andrée Chedid. Lewiston, NY : Mellen Press, 1995.

Belgian Women Poets : An Anthology, avec Renée Linkhorn. New York : Peter Lang, 2000.

Territories of Breath / Territoires du souffle : Bilingual Translation. NY: Mellen Press, 2002.

Articles

« Double-pays: l'univers poétique d'Andrée Chedid », *Revue Francophone* 8.2 (1993).

« Le Mythe du feu et le principe féminin dans 'Paysages' et *Les Marches de sable* d'Andrée Chedid », *LittéRéalité* 8.1-2 (1995).

« De la guerre à la guérison : le mythe de l'enfant dans l'œuvre d'Andrée Chedid » dans *Andrée Chedid : Chantiers de l'écrit.* Édité par Sergio Villani. Ontario, Canada : Albion Press, 1996.

« Andrée Chedid : Poet of Flesh and Destiny », *Antemnae* 4 (2002).

« Andrée Chedid », *Le Journal des Poètes* 4 (janvier/février/mars 2004).

"Andrée Chedid, poète de présence et d'avenir" dans *Andrée Chedid: Racines et liberté.* Édité par Jacques Girault & Bernard Lecherbonnier (Université Paris 13). Paris : L'Harmattan, 2004.

Table of Contents

Table des matières

Poésie

aux éditions L'Harmattan

Dernières parutions

JE NE MOURRAI PAS AVANT LE PRINTEMPS
Abdelghani Fennane
Au-delà de l'évocation funèbre de la mort, c'est la juvénilité triomphale, la vigueur de la vie, dont le printemps est la métaphore, qui est ici chantée. En incarnant le cycle de la nature, le poème se veut aussi le fruit d'une lente maturation. Evoquant le silence, la nuit, l'absence, la blessure... ce recueil se veut d'abord un hymne à l'écriture et à son insoluble paradoxe. Car le don du chant qui libère la parole et exalte la vie lui-même nous captive et enferme, jalousement.
(Coll. Poètes des cinq continents, 10 euros, 60 p., juillet 2012)
ISBN : 978-2-296-96257-6

JE FAIS RÉSONNER LE ROULEAU-TOMBEAU-TAMBOUR DE MES MOTS ZÉLÉS !
Alain Robinet
«Du poète Alain Robinet, on peut aussi dire qu'il fait des listes. La liste, chez lui, ne vise pas les choses, mais les mots, ou, pour le dire autrement, la langue. La liste n'est pas alors la matière d'une poésie qui viserait à dire le monde, mais le support qu'il va s'agir de travailler. Point de départ du travail poétique, elle est une page, ambiguë, qu'il va s'agir non plus de remplir, mais de mettre en mouvement.» Guilhem FABRE
(Coll. Levée d'ancre, 22,5 euros, 176 p., juillet 2012)
ISBN : 978-2-296-96767-0

LE CHANT DES ANGES
Xavier Lainé
Le poète se fait lecteur de ces signes invisibles, de ces infimes fragrances qui se déclinent en subtils parfums, où apparaissent les anges. Ils sont partout, dans ce halo lumineux d'amour et de bonheurs à peine éclos, évanescents, tissés dans la fulgurance des rencontres. Xavier Lainé voyage dans l'univers de l'indicible, tente de le traduire en mots qui flottent à la surface des pages, ouvrant à peine la bouche.
(Coll. Accent tonique - Poésie, 10 euros, 60 p., juillet 2012)
ISBN : 978-2-296-96573-7

POÈMES À LA NUIT

Patrick Aimé Durantou

Les poèmes de cette oeuvre poétique biparthite constituent un long poème dont il convient d'en apprécier la trame. L'auteur conjoint dans cette dramaturgie créatrice le lyrisme à la musicalité des vers toujours présente que l'eurythmie pourvoit au texte. Ceci contribue à parfaire toute la richesse du sens comme à la vertu archétypale de l'expression que le poète ne cesse d'explorer.

(12 euros, 90 p., juillet 2012)

ISBN : 978-2-296-99455-3

LE PETIT NÉGLIGEABLE

Magali Le Piouff

Le Petit Négligeable met en scène des maximes qui prennent racine dans un univers poétique avec humour-humanité. Elles se déchiffrent par permutations de leur centre de gravité en toute liberté. Elles sont aussi suspendues sur un fil en équilibre. Et à leur chute, elles se retrouvent entre ciel et terre.

(11 euros, 76 p., juillet 2012)

ISBN : 978-2-296-96270-5

DONNER LA MAIN À CHAQUE INSTANT DU JOUR

Marité

La méchanceté ne fait partie ni du vocabulaire ni de la vie de l'auteur. Mais ô combien sont présents l'émerveillement et la confiance. Ses poèmes naissent toujours des émotions éprouvées dans ces moments particuliers de joie, de doute, tristesse ou bonheur. «Utopie», qui clôt ce recueil, symbolise son idéal de relation entre les êtres humains.

(Coll. Vivre et l'Ecrire, 16,5 euros, 158 p., juillet 2012)

ISBN : 978-2-296-99403-4

LES CHANTS DE PARISE

Thérèse Bernis

«Comme une poule qui aurait / perdu une plume, dix plumes, / puis une aile entière et enfin / toutes les plumes se seraient envolées / sans qu'on sache pourquoi. / Je ne veux pas mourir sans avoir / exprimé ma rage de vivre, / raconté mes amours, mes luttes. / Je ne peux pas les garder / pour moi seule.»

(Coll. Poètes des cinq continents, 10,5 euros, 74 p., juin 2012)

ISBN : 978-2-296-96381-8

OGO

Arnaud Delcorte – Préface de Toussaint Kafarhire Murhula

Il n'y aucune parole « humaine » qui ne soit la demeure de l'esprit. Il n'y a pas d'appel qui ne dérange nos certitudes. Pour le reconnaître, il suffit de lire Ogo comme on lit un mythe, comme on tâtonne en religion ou comme on questionne en philosophie. Ogo dit de l'homme le déracinement, l'enracinement, et le dépassement. Ogo dit que toute expérience est unique ; qu'elle est manque de terroir. Il dit l'inquiétude métaphysique et non pas la fiction d'une culture ou d'une époque. T. K. Murhula

(Coll. Poètes des cinq continents, 14 euros, 130 p., juin 2012)

ISBN : 978-2-296-96094-7

HORS TEMAZCAL
Michel Cassir
Préface d'Hervé Bauer
L'écriture trace son cercle magique autour des choses. Elles viennent s'y disposer en une constellation qui oriente nos plus beaux égarements. (...) Car Michel Cassir s'aventure dans l'imaginaire et rêve le réel. Fidèle en cela au mot d'ordre surréaliste : «Dormir les yeux ouverts, agir les yeux fermés». Toutefois, ce n'est pas seulement dans cette communication du rêve et de la réalité que la poésie de Michel Cassir s'apparente au surréalisme mais aussi dans ce qu'on pourrait appeler un instinct magnétique de l'image... Extrait de la préface d'Hervé Bauer
(12 euros, 98 p., juin 2012)
ISBN : 978-2-296-96755-7

SOURCES
Atelier poésie jeunesse
Sous la coordination de Danièle Corre
Emerveillée par le pouvoir créateur des enfants, Danièle Corre accompagne leur écriture depuis 25 ans, le temps d'en faire des hommes et des femmes que la poésie émeut et dont elle reçoit des témoignages revigorants, tous évoquant le temps gagné dans la connaissance de soi. Ce recueil est une sélection des poèmes écrits pendant deux années scolaires, regroupant des textes d'élèves dont elle suit la progression depuis la classe de sixième, en un atelier hebdomadaire d'une heure.
(Coll. Accent tonique - Poésie, 10 euros, 62 p., juin 2012)
ISBN : 978-2-296-99251-1

COEURS ÉBOUILLANTÉS - NUPLIKYTOM SIRDIM
Dix-sept poètes lituaniennes contemporaines
Coordonné par Nicole Barriere, Diana Sakalauskaité
La réunion de textes poétiques d'auteures lituaniennes autour du parcours de ces femmes de différentes générations, le regard qu'elles portent sur l'humain, leurs espoirs, leur dignité et leur courage sont autant de témoignages à travers leur poésie, peu commune en France. Ce recueil de poèmes bilingue est le fruit de ce travail minutieux de compréhension réciproque pour offrir une aire commune d'échanges et de partages à travers l'imaginaire de chaque poète lituanienne.
(Coll. Accent tonique - Poésie, 22 euros, 260 p., juin 2012)
ISBN : 978-2-296-99114-9

RIMBAUD L'AFRICAIN, DISEUR DE SILENCE
Chehem Watta
Préface de Claude Jeancolas
«Le livre de Chehem Watta ne vise pas la démonstration, ni l'exégèse, il est poème, cantique d'amour à Rimbaud, à la corne d'Afrique et à l'union des deux, reconnaissance et prière. Un livre exigeant. Il réclame qu'on fasse silence, qu'on taise toutes les rumeurs prosaïques de notre quotidien, qu'on se rende disponible.»
Extrait de la préface de Claude JEANCOLAS
(25,5 euros, 256 p., juin 2012)
ISBN : 978-2-296-99180-4

TRANSPARENCES DURES & EXHIBIT

Françoise Geier

La confrontation d'un poéte avec le quotidien n'est pas un exercice sans danger et nécessite autant d'attention que d'empathie. C'est ce qu'a compris Françoise Geier qui, à une observation subtile source d'inspiration, mêle humour et malice, mais sans exagération. André Mathieu, poéte-journaliste

(Coll. Accent tonique - Poésie, 10 euros, 62 p., juin 2012)

ISBN : 978-2-296-96546-1

LES SONNETS DE WILLIAM SHAKESPEARE

Présentation, traduction et commentaires - avec CD

Jacques Lardoux

Les célèbres Sonnets furent publiés une première fois à Londres en 1609. Les critiques s'accordent sur leur rôle charnière non seulement dans l'oeuvre de Shakespeare, mais aussi dans l'évolution esthétique du temps. Les sonnets au beau jeune homme blond constituent les deux tiers de l'ouvrage, le dernier tiers est consacré aux sonnets à la dame brune, et ce ne sont pas les moins originaux.

(Coll. Littérature classique textes et commentaires, 18,5 euros, 118 p., juin 2012)

ISBN : 978-2-296-56997-3

LES ÉDIFICES

Jean-Christophe FILIOL

En l'an deux avant notre ère, Mslaj fait trembler la terre du Nord-Est de la Crête. Les chemins pourtant brisés, le Fils des pierres et Médoussa vont se croiser. Ils construisent et reconstruisent, en Sisyphe heureux, sans conscience de l'après, sans se voir monter l'édifice et sans peurs.

(Coll. Levée d'ancre, 10 euros, 58 p., juin 2012)

ISBN : 978-2-296-96760-1

BUKOWSKI N'EN A JAMAIS PARLÉ

Poèmes libres

Gave Sam

Elle jongle inexorablement / Avec ses balles / Alors que le soir tombe / L'une au-dessus de la tête / L'autre autour du coeur / La dernière entre les jambes / elle jongle inexorablement / Avec ses balles / Alors que le jour se lève / La première est la liberté / La deuxième est l'amour / La troisième est l'homme

(13,5 euros, 120 p., juin 2012)

ISBN : 978-2-296-99053-1

L'HARMATTAN ITALIA
Via Degli Artisti 15; 10124 Torino
harmattan.italia@gmail.com

L'HARMATTAN HONGRIE
Könyvesbolt ; Kossuth L. u. 14-16
1053 Budapest

L'HARMATTAN KINSHASA
185, avenue Nyangwe
Commune de Lingwala
Kinshasa, R.D. Congo
(00243) 998697603 ou (00243) 999229662

L'HARMATTAN CONGO
67, av. E. P. Lumumba
Bât. – Congo Pharmacie (Bib. Nat.)
BP2874 Brazzaville
harmattan.congo@yahoo.fr

L'HARMATTAN GUINÉE
Almamya Rue KA 028, en face
du restaurant Le Cèdre
OKB agency BP 3470 Conakry
(00224) 657 20 85 08 / 664 28 91 96
harmattanguinee@yahoo.fr

L'HARMATTAN MALI
Rue 73, Porte 536, Niamakoro,
Cité Unicef, Bamako
Tél. 00 (223) 20205724 / +(223) 76378082
poudiougopaul@yahoo.fr
pp.harmattan@gmail.com

L'HARMATTAN CAMEROUN
BP 11486
Face à la SNI, immeuble Don Bosco
Yaoundé
(00237) 99 76 61 66
harmattancam@yahoo.fr

L'HARMATTAN CÔTE D'IVOIRE
Résidence Karl / cité des arts
Abidjan-Cocody 03 BP 1588 Abidjan 03
(00225) 05 77 87 31
etien_nda@yahoo.fr

L'HARMATTAN BURKINA
Penou Achille Some
Ouagadougou
(+226) 70 26 88 27

L'HARMATTAN SÉNÉGAL
10 VDN en face Mermoz, après le pont de Fann
BP 45034 Dakar Fann
33 825 98 58 / 33 860 9858
senharmattan@gmail.com / senlibraire@gmail.com
www.harmattansenegal.com

L'HARMATTAN BÉNIN
ISOR-BENIN
01 BP 359 COTONOU-RP
Quartier Gbèdjromèdé,
Rue Agbélenco, Lot 1247 I
Tél : 00 229 21 32 53 79
christian_dablaka123@yahoo.fr

682651 - Novembre 2016
Achevé d'imprimer par

1livre.com
du rêve à la réalité !